LA CENSURE

JUGÉE

PAR MM. CORBIÈRE ET DE VILLÈLE.

DISCOURS

DE MM. DE VILLÈLE ET CORBIÈRE

SUR LA LIBERTÉ DES JOURNAUX,

Extraits du Moniteur *des* 27 *et* 29 *janvier* 1817.

A PARIS,

CHEZ J. G. DENTU, IMPRIMEUR-LIBRAIRE,
rue des Petits-Augustins, n° 5.

MDCCCXXIV.

EXTRAIT

DU MONITEUR DU 27 JANVIER 1817.

—

OPINION

DE M. DE VILLÈLE SUR LA LIBERTÉ DES JOURNAUX.

MESSIEURS,

Le droit de vous soumettre mon opinion dans cette discussion ne m'en impose-t-il pas le devoir? et l'accomplissement de son devoir n'est-il pas d'autant plus indispensable pour l'homme public, qu'il se trouve appelé à le remplir dans un temps plus difficile et en opposition avec des hommes plus puissans? Mais arrivant à la tribune après tant d'orateurs qui ont déjà traité la question dans toute son étendue, je dois me borner à la considérer sous le rapport de l'effet que produira sa décision sur notre situation actuelle; ainsi j'éviterai une foule de répétitions inutiles, et abuserai moins long-temps de l'attention que vous voulez bien m'accorder. La loi qu'on nous présente est toute entière dans ce peu de mots :

I

*Les journaux et écrits périodiques ne pour-
ront paraître qu'avec l'autorisation du Roi,
jusqu'au 1er janvier 1818.*

Je suis loin de vouloir combattre cette disposition; les journaux ayant acquis une grande
influence, il me paraît juste et utile qu'on ne
puisse concourir à l'exercer sans en avoir ob-
tenu l'autorisation.

Mais si le droit de publier un journal est
soumis à des conditions, je pense que ces
conditions doivent être déterminées par la loi
qui les impose; l'arbitraire qui résulterait de
son silence est opposé à la justice et à l'intérêt
de la société; il n'est pas permis par la Charte.
La Charte est pour la France le Code des
droits politiques dont tous les gouvernemens
doivent, dans l'intérêt de leur force et de
leur stabilité, garantir la jouissance aux peuples.

Elle n'est pas, comme on paraît le croire,
un assemblage de dispositions indépendantes
les unes des autres, et qu'on observerait suffi-
samment en ne violant pas directement le texte
de l'article dont dépendrait la question à ré-
soudre.

Ainsi, dans la loi des élections, tout ce qui
aurait tendu à diminuer les garanties d'éligibi-
lité, à gêner la facilité de l'émission du vote
des électeurs, la fidélité du scrutin et de son
dépouillement, aurait été opposé, non seule-

ment à tel ou tel article de la Charte, mais à la Charte elle-même ; car, en établissant une Chambre élue, chargée de concourir librement au vote de l'impôt et des lois, elle a consacré la liberté et la réalité de l'élection. Ainsi l'article 4 de la Charte a pu paraître plus spécialement destiné à assurer la liberté individuelle ; mais cette grande garantie ne serait pas moins consacrée par la Charte, quand l'article 4 en serait effacé ; elle est liée à toutes les autres dispositions de cette loi : nous verrons que la question qui nous occupe ne lui est pas étrangère ; et l'article 62 de la Charte, qui dit *que nul ne pourra être distrait de ses juges naturels,* prouve ici, sans contradiction possible, la vérité que j'expose.

De même, au sujet de la loi que nous examinons, il ne s'agit pas seulement de pourvoir par ses dispositions à l'exécution de l'article 8, qui donne aux Français le droit de publier et de faire imprimer leurs opinions, il faut encore respecter les garanties données à la propriété par les articles 9 et 10 ; il faut assurer les journalistes qu'ils ne seront pas soumis à des taxes arbitrairement imposées, inégalement perçues, au mépris de l'article 2 de la Charte ; il faut enfin pourvoir à ce que l'arme puissante de l'influence que les journaux exercent sur l'opinion publique, ne puisse compromettre ni nos libertés publiques, ni le gouvernement, ni la sûreté de l'État, ni l'honneur et le repos des citoyens ; car toutes ces choses nous sont aussi garanties par la Charte.

Le ministre, dans l'exposé des motifs du projet de loi, et le rapporteur, au nom de la commission, ont triomphé facilement des objections qu'ils ont supposé qu'on ferait à la loi, parce qu'elle ne consacrait pas la liberté illimitée des journaux.

Personne, sans doute, n'a pensé à réclamer cette dangereuse licence ; et les défenseurs de la loi avaient plus près d'eux la véritable difficulté de la proposition qui nous occupe ; ils devaient prouver la nécessité et la possibilité, sans violer la Charte, de confier au ministre l'arbitraire illimité qu'il demande sur la direction de l'opinion publique et sur la propriété des journalistes.

Le laconisme de la loi qu'on nous propose livrerait évidemment ceux qui voudraient obtenir l'autorisation de faire paraître un journal, à toutes les conditions qu'il plairait de leur imposer ; les soumettrait à l'asservissement le plus complet dans l'usage de cette autorisation ; les exposerait sans dédommagement à sa révocation constante, et les tiendrait toujours ainsi sous le coup d'une ruine certaine, s'ils n'obéissaient aveuglément à tout ce qu'on voudrait exiger d'eux.

(5)

L'observation de la Charte, l'inviolabilité des propriétés, la conservation des institutions qu'elle vous a données, celle surtout de la liberté de vos opinions dans cette Chambre; tous les intérêts qui doivent être les plus précieux pour vous, sont liés à la question que vous avez à décider. Si le ministre obtient le droit de donner ou de refuser arbitrairement l'autorisation aux journaux de paraître, il pourra la rendre onéreuse aux uns, la donner gratuitement à d'autres, en favoriser quelques-uns pour les mettre en mesure de se soutenir contre l'opinion; il pourra user dans cette première opération des moyens les plus contraires aux droits garantis à tous les Français par les articles 1 et 2 de la Charte.

Si la loi n'établit elle-même les conditions et les formes d'après lesquelles seules l'autorisation pourra être retirée aux propriétaires des journaux, vous les livrez sans protection ni moyens de défense à l'arbitraire interdit par les articles 9 et 10 de la Charte, relatifs aux propriétés.

Si vous mettez ainsi à la disposition du ministre le droit de censurer tous les journaux du royaume, vous l'établissez seul directeur de l'opinion publique en France, vous le faites seul juge du compte que les journaux rendront de vos séances; vous lui donnez les moyens de faire attaquer vos opinions par tous ceux du royaume, sans qu'un seul ose les défendre contre lui ; vous placez ainsi les députés de la France à la discrétion des ministres, dont la Charte les avait fait les contradicteurs ; vous livrez leur réputation politique et par conséquent leur réélection à ceux qui devraient le moins l'influencer ; vous détruisez ainsi la plus importante de vos institutions, celle de la Chambre élue, seule garantie qui nous reste de toutes celles que nous avons perdues ; et considérez que vous n'ébranlez pas seulement par-là quelques colonnes de l'édifice constitutionnel : vous l'attaquez dans sa base, et vous vous exposez à le renverser lui-même.

En effet, messieurs, quel Français pourra désormais accepter le fardeau de nos pénibles fonctions, s'il n'est résigné d'avance à souscrire aveuglément à toutes les propositions des ministres ?

Ne serait-il pas insensé celui qui penserait à les combattre avec la seule arme de la raison, l'ouverture de quelque tribune au public, et la faculté de faire imprimer son opinion, lorsque tous les journaux du royaume peuvent être employés à combattre, interpréter, dénaturer même ce qu'il aura dit, et le perdre ainsi dans l'opinion de tous ses concitoyens ? Qu'on ne pense pas que je fasse ici des suppositions qui n'ont d'autre fondement que celui qu'elles trouvent dans mon imagination ; au moment même où je parle, une taxe, qui n'est autorisée par aucune loi, est imposée à quelques journaux; j'ai tenu dans mes mains, en 1815, l'épreuve d'un journal dans lequel la réponse faite au ministre par mon honorable collègue M. Corbière, comme rapporteur de la commission du budget, avait été effacée par le censeur, dans la partie qui tendait à laver la commission d'une inculpation grave dirigée contre elle.

J'ai dû joindre ce fait (alors sacrifié au désir de la paix et de la bonne intelligence) à ceux déjà cités dans cette discussion, parce que c'est surtout avec des exemples pareils qu'on peut rendre sensible et incontestable le danger de la continuation du système qui régit la censure de nos journaux; on a dû les citer, et je dois les rappeler, malgré mon éloignement pour tout ce qui peut porter le caractère d'une récrimination aussi peu dans mon cœur que dans mes principes, parce que l'existence de ces faits change la nature de la question que vous avez à décider. Avant qu'ils fussent connus, il était permis d'espérer qu'on pouvait, sans danger pour nos libertés, se contenter de soumettre les journaux à une autorisation, et remettre à un meilleur temps la confection des lois répressives des abus de la presse; mais depuis que sous nos yeux, et avec tous les Français pour témoins, on a usé de cette autorisation pour gêner la liberté des choix dans les élections, pour entraver la publication d'une légitime défense à cette tribune, je soutiens qu'il ne vous est plus permis de livrer la censure des journaux à l'arbitraire que confirme encore pour un an la loi qu'on vous propose, et que vous êtes dans l'obligation, en adoptant l'article 1er, de déterminer par des articles subséquens les conditions d'après lesquelles l'autorisation qu'il impose pourra être accordée, suspendue ou retirée.

Si des lois sévères répriment les abus de la liberté des journaux, mais s'ils ne sont soumis qu'aux lois et à l'action régulière de la justice, la liberté individuelle trouvera une garantie dans le rétablissement de la responsabilité morale du ministre qui en dispose ; la réalité de l'élection des députés sera mieux assurée par la facilité de déjouer les influences dont il suffit de démasquer les manœuvres pour les rendre inutiles ; enfin la liberté des opinions dans cette Chambre, et l'existence du gouvernement représentatif, qui repose sur cette liberté, sera garantie à la France et à son Roi.

Hors de là je ne puis voir qu'anéantissement de la Charte, simulacre de la protection dont elle devait nous assurer la jouissance, asservissement de mon pays à l'arbitraire le plus dangereux, et symptôme d'instabilité dans le gouvernement.

Nous avons essayé de beaucoup de Constitutions depuis trente ans; toutes garantissaient l'inviolabilité des propriétés, la liberté publique et privée, celle des opinions et de la presse; toutes ces Constitutions promettaient aux Français les garanties politiques, sans lesquelles les sociétés ne peuvent s'établir sur leur seule base durable, celle de l'intérêt des peuples.

Peu après la Constitution, quelquefois en même temps, paraissait une loi temporaire qui en ajournait l'exécution; et l'idole constitutionnelle était couverte d'un voile jusqu'au jour où une nouvelle révolution, suite inévitable de ce système vicieux, venait la briser pour la remplacer par une autre aussi peu respectée, mais aussi peu durable.

La légitimité sur le trône ne peut donner seule à nos nouvelles institutions la force de résister à ces causes destructives de tous les gouvernemens qui les laissent subsister; je n'en veux d'autre preuve que la Charte qui nous a été octroyée par le Roi, et de laquelle il a dit lui-même qu'il nous la donnait comme le supplément nécessaire de nos anciennes institutions.

La liberté des journaux, contenue par des lois sévères, joue le premier rôle dans cette concession; c'est l'existence de la tribune de notre Chambre qui nécessite la liberté légale des tribunes des journalistes ; ce qui est dit dans l'une ne peut être transmis que par les autres : ainsi, pour que les opinions soient librement émises dans la Chambre, il faut qu'elles soient librement rapportées, commentées, discutées, attaquées et défendues dans les journaux. C'est parce qu'ils sont devenus une arme puissante, parce qu'ils peuvent exercer une grande influence sur l'opinion ; c'est par les mêmes motifs allégués par le ministre pour nous faire sentir le danger de les laisser jouir d'une liberté illimitée, que nous ne pouvons consentir à les placer exclusivement et complètement sous son influence.

Dans quelques discours on a présenté ce refus de livrer la direction de l'opinion publique aux ministres du Roi, comme un témoignage offensant de notre défiance. Mais dans ce cas, la Charte entière serait une suite d'offenses bien plus graves, puisque quelques-unes pourraient paraître arriver jusqu'à la personne même du monarque ; la Charte n'est en effet qu'une série de précautions prises contre la dilapidation des deniers publics et contre les abus de pouvoir de tout genre. Comment qualifier, par exemple, dans ce système, le vote de la liste civile ? Mais lorsque le monarque lui-même a cru devoir prendre ces sages précautions dans l'intérêt de ses peuples, lorsque nous nous bornons à demander qu'elles soient respectées, nous ne devons, nous ne pouvons offenser personne, et nous remplissons seulement les devoirs qui nous ont été imposés par notre Roi et nos concitoyens.

Ne perdons jamais de vue, messieurs, que le gouvernement représentatif nous a été donné pour lier le passé au présent et suppléer à tout ce que la révolution a détruit de nos moyens de protection et de défense ; que c'est obéir à la volonté du Roi, exprimée dans la Charte, que de repousser tout ce qui pourrait compromettre l'existence de ce gouvernement; que c'est servir le Roi que de veiller à la conservation de son ouvrage et combattre un accroissement apparent de pouvoir, qui ne serait en effet qu'un affaiblissement réel de l'autorité royale, puisque cette autorité est appelée à profiter de tout ce qui donnera de la force au système représentatif auquel elle s'est liée, et souffrir avec lui de tout ce qui le mettrait en danger.

Notre opposition à l'établissement de l'arbitraire dans notre pays, est non seulement dans l'intérêt du monarque et de la nation, elle est encore dans l'intérêt éclairé de ceux qui nous combattent ; dépositaires aujourd'hui de ce pouvoir sans bornes, ils peuvent dès demain retomber avec nous dans une situation qui leur en fasse redouter les abus. Ce pouvoir est d'ailleurs, par sa nature, aussi dangereux pour ceux qui en usent, que pour ceux contre lesquels il est dirigé, et je crois apercevoir déjà les signes certains du peu de durée qu'il aurait parmi nous.

On a eu la censure de tous les journaux, et les journaux inspirent déjà moins de confiance.

La révision projetée de quelques articles de la Charte avait paru pouvoir donner lieu à des inquiétudes sur la conservation de ce nouveau pacte; et à peine sommes-nous réunis depuis trois mois, que déjà trois fois l'opposition s'est fondée sur la Charte elle-même.

On a combattu les épurations demandées à la suite d'une épreuve politique assez chèrement payée par la France pour qu'il fût permis de désirer qu'on prît les moyens d'en prévenir le retour; et déjà dans un temps tranquille, lorsque chacun obéit avec dévouement à la volonté constitutionnelle du gouvernement, lorsque la fidélité passée et éprouvée de ses agens lui répond non seulement de leur fidélité d'aujourd'hui, mais encore de leur fidélité de demain et de celle du jour critique où elle sera mise à l'épreuve, on demande, même à cette tribune, au nom de l'unité qui doit être établie dans le gouvernement, et pour faire mouvoir toute l'administration civile, militaire et judiciaire du royaume, comme on pourrait faire agir un seul homme, des épurations bien plus générales et bien plus extraordinaires que celles qu'on a combattues et critiquées avec tant d'amertume.

Ainsi, l'abus suit constamment, et sans qu'on l'aperçoive soi-même, l'exercice d'un pouvoir dont on voudrait passer les limites; mais l'abus créant les méfiances et multipliant les obstacles, finirait bientôt par replacer la société dans le seul état qui puisse être durable, celui où tous les intérêts sont garantis, les institutions respectées, et les factions réduites au silence.

Il dépend de vous, messieurs, de faire jouir la France de cette heureuse situation, ou de hâter du moins l'arrivée du jour si désiré par tous les Français, où vivant en sécurité sous l'empire des lois, après tant d'années d'anarchie et d'oppression, nous n'aurons tous qu'un seul but politique, celui de seconder de tous nos efforts le gouvernement auquel nous devrons un si grand bienfait.

La mesure que nous discutons en ce moment peut, si elle est sagement combinée, rendre la vie au corps social en ranimant l'esprit public trop long-temps comprimé, consolider nos institutions en les soutenant de toute la force qu'elles doivent tirer de la libre expression de l'opinion publique, éloigner toutes les inquiétudes, calmer toutes les craintes, rectifier toutes les prétentions, rallier tous les sentimens par la garantie qu'elle peut donner de la franchise qu'on mettra à exécuter nos lois. Où veut-on nous conduire, au contraire, par les mesures qu'on propose, et par les moyens qu'on emploie? nous devóns le demander, car il nous est impossible de le prévoir. L'an passé, il n'était question que de modération, de fusion, d'amalgame; cette année tout doit céder à l'unité, et tous se mouvoir comme un seul homme. Le gouvernement est dans les mêmes mains, comment son système d'aujourd'hui est-il différent de celui d'hier? Auquel des deux devons-nous croire? Quel moyen peut sauver notre pays et nous préserver des orages dont l'horizon nous menace? C'est là surtout ce qu'il importe à la France de savoir.

Flatter le monarque d'une augmentation de puissance par les moyens qu'on nous propose, c'est à mes yeux abuser le monarque en s'abusant soi-même sur le véritable résultat de ces mesures. Permettre qu'on provoque assez publiquement l'établissement du pouvoir absolu en France, et ce qu'on appelle, même à cette tribune, *le gouvernement par ordonnances,* c'est s'aveugler étrangement sur le véritable esprit des Français, et sur la possibilité de soutenir une telle entreprise avec les embarras des circonstances qui pèsent sur notre pays.

L'appui que voudraient tirer ces doctrines de l'exemple du gouvernement qui a précédé la restauration, n'est nullement applicable à notre situation actuelle. Dès que l'oppresseur de la France a cessé d'être le conquérant de l'Europe, n'a-t-on pas entendu, même dans cette enceinte alors vouée au silence, réclamer cependant de lui des franchises et des garanties?

Tendrait-on à faire dégénérer le gouvernement représentatif qui nous a été donné en une vaine représentation? et sous le prétexte que l'esprit français est trop indépendant pour jouir en réalité de nos institutions nouvelles, voudrait-on ne nous en laisser que le simulacre? On se tromperait encore : les Français ont de l'énergie et de l'honneur encore plus que d'indépendance dans leurs opinions ; ils s'éloigneraient la plupart des fonctions qu'on aurait rendues incompatibles avec leur conscience et l'estime de leurs concitoyens, et je doute que le gouvernement légitime et le repos de la France fussent plus assurés alors qu'ils le sont aujourd'hui, où l'on trouve encore une opposition qui peut paraître importune, mais qu'on regrettera peut-être le jour peu éloigné où elle aura perdu l'espoir d'être utile.

Vainement chercherait-on des moyens détournés pour terminer nos longues divisions, et ajouter la restauration de la France à la restauration de l'auguste famille de nos rois ; un seul nous est possible désormais, c'est de suivre de bonne foi la route franche, loyale et sûre, tracée par le monarque lui-même dans les institutions qu'il nous a données : légitimité, observation de la Charte, tel est à nos yeux le seul système qui puisse garantir à notre pays de nouvelles révolutions.

Les mots *liberté, garanties, représentation,* peuvent être diversement appréciés au premier abord, et choquer même dans la spéculation quelques personnes qui se souviennent encore qu'on était plus libre et mieux protégé lorsqu'on parlait moins de liberté et de garanties, oubliant sans doute que les institutions qui nous protégeaient alors n'existent plus et ne peuvent nous défendre aujourd'hui. Mais lorsque, dans très-peu de jours, on nous entendra discuter les moyens d'établir sur notre pays sept cent soixante-quatorze millions d'impôts, et ajouter encore à ce fardeau l'autorisation d'ouvrir des emprunts dont le résultat inévitable sera de convertir en charges perpétuelles sur l'État ce qui n'eût été que passager si l'économie et la réduction des dépenses eût plus rapproché celles-ci du montant de nos recettes ; alors tous ceux qui sont appelés à remplir le trésor public aux dépens de leur aisance particulière, tous ceux qui paient et ne sont pas payés, ces quatre-ving-dix-neuf centièmes de la nation verront qu'il ne s'agissait pas, dans nos discussions précédentes, de vieilles querelles de noblesse et de tiers-état, désormais sans objet, puisque nous sommes tous égaux devant la loi ; de majorité ou de minorité, tout aussi peu fondées puisque cette Chambre est dissoute, avec lesquelles cependant on a pu détourner un moment l'attention du véritable but des questions que nous agitions. Mais ils sentiront tous comme nous le danger des prodigalités et des faux systèmes, et la nécessité, pour les prévenir, de ces garanties et de ces institutions protectrices que nous défendons devant vous ; ils désireront comme nous la libre élection des défenseurs de leurs intérêts, l'indépendance de la Chambre des députés des départemens, la liberté légale des personnes et des journaux ; parce que, comme nous, ils sentiront que sans toutes ces libertés la réalité du gouvernement représentatif est compromise, et avec elle la seule garantie qui nous reste contre le retour des révolutions et l'exagération des impôts.

Dieu n'abandonnera pas notre belle France ; ce qu'il a fait pour elle en lui rendant son Roi, doit nous en donner la confiance ; mais, ne nous y trompons pas, ce n'est qu'en travaillant nous-mêmes à épargner de nouveaux mal-

2

heurs à notre patrie, que nous devons espérer ce secours si puissant et si nécessaire ; *aide toi, je t'aiderai.* Aidons-nous donc, messieurs, par des délibérations conséquentes avec les résultats que nous voulons obtenir ; si le gouvernement représentatif est désormais pour nous le seul refuge contre de nouvelles révolutions, et la seule garantie que nous puissions avoir contre les abus destructeurs des empires, maintenons le gouvernement représentatif que nous a donné la Charte, en lui conservant les appuis qu'elle a reconnu lui être nécessaires ; et j'ai prouvé que la liberté des journaux était la plus indispensable. Fixons le nombre des journaux qui pourront être autorisés ; soumettons les journalistes à de forts cautionnemens pour garantir la certitude de la répression de leurs écarts ; augmentons la sévérité des lois contre les abus de la liberté de la presse ; complétons-les si vous les trouvez insuffisantes ; en un mot, garantissons légalement la société des dangers de la licence des journaux ; mais ne livrons pas à l'arbitraire l'arme utile et puissante dont ils sont dépositaires ; car pour éviter un danger, nous nous précipiterions dans un abîme.

Les lois sont suffisantes pour nous protéger contre tous les genres de crimes ; le sévérité de la peine est proportionnée par elles à l'intérêt de prévenir l'action ; comment les journaux seuls ne pourraient-ils être contenus par des lois ? c'est ce qu'il est impossible d'admettre, c'est ce que les défenseurs de la loi ne pensent pas eux-mêmes, puisqu'ils ne la demandent que jusqu'au 1er janvier 1818.

Faisons aujourd'hui ce que dans leur système il faudra faire alors : rien ne s'y oppose, et tout vous le commande, la Charte, la justice, l'expérience du passé, la prévoyance de l'avenir.

C'est par ces motifs, et pour obtenir les lois qui régleront les conditions à imposer aux journalistes en même temps qu'elles pourvoiront à la répression des abus de la liberté de la presse, que je vote le rejet du projet insuffisant qui vous a été présenté.

EXTRAIT

DU MONITEUR DU 29 JANVIER 1817.

—

OPINION

DE M. CORBIÈRE SUR LA LIBERTÉ DES JOURNAUX.

Messieurs,

Le projet de loi a paru, à ceux qui le combattent, livrer à l'arbitraire la propriété privée et la liberté publique : c'est sous ce double rapport qu'il faut le considérer.

Le droit de propriété emporte avec lui la faculté d'employer librement ses capitaux et son industrie dans une entreprise quelconque, en se conformant aux lois. Pour toutes les entreprises qui peuvent influer sur l'ordre public, la loi peut et doit fixer les règles qu'exige l'intérêt de la société, et les peines qui assurent l'exécution de ces règles.

Si, au lieu de ces précautions régulières, on trouvait plus expéditif de confier l'entreprise au gouvernement, ou de l'autoriser à la confier à ceux qu'il lui plaira de choisir, il y aurait monopole, et le monopole est une véritable atteinte à la propriété.

Ce n'est pas tout. L'autorisation qui devra être donnée ici pourra aussi être retirée, et toujours arbitrairement : c'est une conséquence reconnue du projet de loi.

Cette nouvelle atteinte porte sur une entreprise déjà formée : elle est ainsi la plus préjudiciable.

L'orateur qui a parlé le dernier à la séance d'hier, a répondu d'une manière tranchante que l'entreprise d'un journal n'était pas une véritable propriété.

Qu'est-ce donc qu'un établissement qui exige l'emploi de capitaux, qui se partage en actions, qui se transmet à titre universel ou singulier, onéreux ou gratuit ?

Ce n'est pas une propriété, dites-vous ; et cependant vous savez comme nous que supprimer un journal c'est ruiner le propriétaire ; et remarquez avec quelle cruelle indifférence on se joue de cette propriété. Le propriétaire est ruiné sans même qu'on puisse lui imputer le plus souvent une faute réelle.

Dans l'état actuel qu'il s'agit de continuer, tout journal est assujetti à une censure préalable.

Le propriétaire de l'entreprise traite avec un ou plusieurs rédacteurs. Pour les empêcher de compromettre sa propriété, il ne peut

pas prendre d'autres garanties que celles qu'in-
diquent les mesures mêmes de la police : il
stipule que rien ne sera inséré dans son journal sans l'aveu du censeur, c'est tout ce qui
dépend de lui.

Cependant un article est présenté à la censure, il est approuvé, et paraît en conséquence. S'il arrive que quelqu'un plus om-
brageux s'en offense, et que la police partage
ces alarmes, le journal est suspendu ou supprimé.

M. le rapporteur, sans trop s'inquiéter de
ce malheur particulier, a répondu : « La né-
« gligence ou la collusion du censeur ne
« doit pas servir d'excuse à l'auteur d'un ar-
« ticle répréhensible ou coupable. Tous deux
« doivent être punis : l'un pour l'avoir in-
« séré dans son journal, l'autre pour l'avoir
« négligemment ou malicieusement souffert. »

Quel peut donc être dans tout cela le délit
du rédacteur ?

Est-il, dans la pensée même de l'article, répréhensible ou coupable ? Non, la pensée est
hors du domaine de la loi ; c'est sa publication
seule qui peut être criminelle.

La faute est-elle d'avoir demandé l'autorisation de publier l'article ? Non, c'est se soumettre à l'autorité ; c'est tout ce qu'elle peut
exiger.

Est-ce d'avoir publié l'article après la permission obtenue ? Non encore ; ce n'est qu'exécuter le jugement porté par le juge que la police elle-même a donné.

Et cependaut, dans votre tardive sévérité, vous prononcerez après coup une peine, et une peine terrible, qui porte sur le propriétaire, à qui certainement il n'y a rien à reprocher, et sur les abonnés, qui ne sont pas plus coupables.

Et qu'arrivera-t-il de ce système vexatoire ? Il amènera le mécontentement et l'inquiétude ; les nombreux lecteurs du journal supprimé, privés tout à coup de leur aliment accoutumé, supposent qu'il a fallu leur dissimuler un évènement terrible ou une situation effrayante, ou bien ils devinent qu'il ne s'agit que de ces petites alarmes moins générales, qu'un article de journal peut donner quelquefois involontairement à une police trop ombrageuse sur ses intérêts, et alors chaque abonné se croit personnellement blessé dans son droit ; et dans les plaintes qu'il exhale, on dirait quelquefois qu'il refait à sa manière le fatal article.

Toutes ces mesures d'une inspection inquiète, ces vieilles routines de la police attaquent directement les droits de la propriété privée, et j'ai cru utile de ramener votre attention sur ce point.

Il y a surtout atteinte à la liberté générale, et c'est sur cet objet plus étendu qu'a surtout porté la discussion. Elle a été telle ici, messieurs, qu'elle ne laisse rien à ajouter.

La vraie doctrine a été posée et développée; les rapports de l'indépendance des journaux avec la nature de nos institutions vous ont été présentés.

De part et d'autre, les mêmes principes ont été admis. Il m'a même semblé que ceux qui ont opiné en faveur du projet de loi, les ont souvent exprimés avec plus de précision, et sans cette espèce d'hésitation circonspecte qui appartient à ceux qui, dans toutes les libertés, ne séparent point la pratique de la doctrine. Avec cette séparation, il est facile d'établir une profession de foi très-sévère. C'est ce que l'on a fait ici; et, par exemple, on ne trouvera nulle part une doctrine plus pure, des principes plus inflexibles que dans le début de l'opinion de M. Royer-Collard.

C'est à l'application qu'a commencé la divergence; à cette partie de la discussion se sont nécessairement rattachées des considérations diverses sur notre situation politique actuelle, et sur l'influence que doivent avoir les journaux à cet égard.

M. le ministre de la police nous a entretenus de la destinée des journaux pendant la révolution. « Subjugués et entraînés comme tout « le reste, nous a-t-il dit, les journaux ont

« puissamment concouru à tromper et à agi-
« ter la nation. »

A une autre époque, *les journaux tombés
sous le joug du despotisme sont devenus des
instrumens d'oppression et de servitude.*

Tout cela n'est que trop vrai; et c'est la meil-
leure preuve sans doute du danger de subju-
guer les journaux.

M. le ministre, au contraire, a fini par con-
clure que « la liberté des journaux pouvait
« devenir le plus dangereux instrument des
« factions. »

Je m'en tiendrai, pour moi, à la seule conséquence qui me paraisse naturelle et nécessaire.

Quant à notre état politique, on a parlé
de la situation intérieure et extérieure de la
France.

Je ne comprends pas trop, je l'avoue, le
ton mystérieux avec lequel on a indiqué le
premier objet; à moins que ce ne soit pour
nous inspirer un salutaire effroi, en nous en-
veloppant tout à coup de ces ténèbres diplo-
matiques, nous, habitués au grand jour, notre
élément nécessaire.

La question me paraît cependant facile à
traiter sans le moindre danger, et déjà elle l'a
été complètement dans le cours de cette discussion.

Quant aux rapports avec les puissances

étrangères, rien de plus avantageux pour tout gouvernement que l'indépendance des journaux chez lui, parce qu'elle le dispense de toute explication sur leur compte.

Les articles dont on pourrait se plaindre présentent ou de simples opinions, aussi fautives qu'on voudra le supposer, ou des agressions qui dégénèrent en délit.

Au premier cas, le gouvernement ne répond pas des idées plus ou moins bizarres de tous ceux qui croient trouver une mission dans leur talent et un poste dans leur journal.

Craindrait-on cependant d'être soupçonné d'avoir favorisé quelqu'idée propre à déplaire ? il y a un moyen bien simple d'écarter ce soupçon, c'est de faire combattre soi-même l'article, s'il en vaut la peine.

S'il y a délit, la justice doit être saisie, à la première réclamation, et même avant toute réclamation. La puissance offensée ne peut pas demander autre chose que la punition du délit commis, puisque c'est la seule mesure qu'elle puisse nous offrir chez elle ; et la réciprocité est la grande loi entre les nations.

Je crois même que nous pourrions aller souvent jusqu'à négliger de nous en prévaloir; et si quelquefois les feuilles étrangères contenaient d'injustes attaques contre les premiers corps de l'Etat, nous pourrions les ignorer, ne serait-ce que pour nous éviter le chagrin de découvrir quelquefois un Français forcé par sa conscience de chercher au loin une indigne arène à d'indignes passions.

C'est sur notre situation extérieure qu'on s'est le plus étendu.

On vous a présenté des tableaux qui seraient bien effrayans s'ils n'étaient le fruit de cette espèce d'exagération qu'amène peu à peu la discussion, surtout quand elle succède à des querelles encore récentes.

Dans plusieurs opinions, le projet de loi n'a guère été considéré que comme une des conséquences nécessaires d'une théorie plus vaste, comme l'exécution d'un plan plus étendu.

Moi, qui pense qu'il importe que tout soit éclairci publiquement, que c'est le meilleur moyen d'entretenir ou de rétablir le calme dans les esprits, je viens discuter ces opinions, et je choisirai celle qui m'a paru la plus remarquable.

« Il ne suffit pas, vous a dit M. Royer-Col-
« lard, qu'il y ait des partis parmi nous pour
« que la liberté des journaux doive être sus-
« pendue ; mais nous avons moins encore des
« partis politiques, des factions passagères,
« que de véritables sociétés ennemies, entre
« lesquelles il n'y a point de traité possible. »

L'origine que l'on assigne au mal le rendrait encore plus terrible.

« Une révolution dirigée contre la constitu-
« tion intérieure de la société a déplacé tout
« ce qu'elle n'a pas brisé; les propriétés, les
« rangs, l'autorité, la gloire même; elle a
« arraché la société de ses antiques fonde-
« mens, et l'a rétablie sur des fondemens nou-
« veaux. De tout ce qui a été abattu, le trône
« seul a pu se relever, parce qu'il n'a péri
« qu'accidentellement. »

Ainsi, d'un côté, les débris incommodes
de tout ce que la révolution a brisé; de l'autre,
les hommes dans les mains desquels elle a
placé les propriétés, les rangs, l'autorité, la
gloire : voilà tout ce qui nous reste, avec *un
trône renouvelé,* vous a dit le même orateur.

Est-ce donc entre des ruines détruites et
un édifice tout nouveau que le Roi a placé
tout à coup son trône, lorsque, dans la dix-
neuvième année de son règne, il est venu ap-
porter à la France la Charte qui doit suffire
aux vœux anciens et aux nouveaux besoins de
ses peuples?

C'est là que vous trouverez toute la pensée
du monarque sur la véritable situation de la
patrie, et elle suffira sans doute pour vous ras-
surer contre les ténébreux fantômes de l'imagination, pires encore que les ténébreuses
combinaisons de l'esprit.

Quand il est venu *réunir les temps anciens
aux temps modernes, prononcer des paroles*

de paix au sein de la grande famille, votre Roi n'a-t-il pas démenti d'avance, de toute l'autorité de sa sagesse, cette effroyable sentence, *qu'il n'y a point de traité possible entre des sociétés ennemies de nature et de principes ?*

Ce traité est fait, messieurs, le Roi l'a écrit dans notre Charte. Et que serait le trône de France lui-même, s'il n'y avait plus de traité possible entre les Français ? Je n'y pourrais plus voir qu'un dernier et déplorable monument prêt à s'écrouler avec tout le reste, et dont les nobles débris iraient accuser nos fureurs devant l'histoire épouvantée.

L'orateur, effrayé le premier du sinistre tableau que sa main avait tracé, a cherché un appui au trône de nos rois, dans *une nation nouvelle, innocente de la révolution dont elle est née, mais qui n'est pas son ouvrage, et qui vient commander aux partis le silence et l'inaction.* Ainsi, dans les oracles, une Jérusalem nouvelle s'élève dans le lointain sur les ruines de la cité perfide.

Mais cette nation nouvelle ne serait, par malheur, qu'une nouvelle illusion, un contraste brillant dans un tableau trop rembruni, plutôt qu'une réalité sur laquelle la raison puisse s'appuyer avec confiance.

Cette nation ne se composera pas de tout ce

que la révolution a brisé, puisqu'elle est née de cette révolution même.

Nous ne pouvons la chercher non plus parmi ceux auxquels la révolution a tout donné, puisqu'elle en est innocente.

Et cependant tout ce qui n'a pas été déplacé a été brisé; vous nous l'avez dit d'abord; et dans le triste recensement de ce qui nous reste, nous ne pouvions plus compter que des ruines et des déplacemens.

La nouvelle nation, *pour qui seul il nous est permis de disposer d'un avenir qui n'est plus qu'à elle,* ne serait pas dans les débris dispersés pour toujours; ce serait, en dernier résultat, celle au profit de qui se serait, suivant vous, opéré le déplacement universel. Je ne puis voir nulle part de nation intermédiaire.

Il est vrai cependant qu'il existe encore quelques hommes épars, que le bonheur de leur obscurité a mis à l'abri des coups de la révolution, et que la modération de leur caractère a préservés de ses faveurs. Si un peu de sagesse, sans gloire à la vérité, puisqu'elle a été sans péril, pouvait leur mériter du moins un peu d'estime, ils seraient loin d'avoir l'arrogante présomption de commander à tous le silence et l'inaction. Le silence n'est trop souvent que le calme menaçant qui précède le combat, ou le repos lugubre qui suit la destruction.

Ces hommes n'osent pas même se flatter d'obtenir assez de bienveillance, au milieu des passions, pour préparer d'utiles explications, qui valent mieux qu'un superbe silence. S'ils ont élevé la voix par intervalle, ce n'a été que contre l'agresseur; et il faut le dire, ils ont trouvé trop souvent du même côté l'agression et la menace : ce n'est pas un arrêt qu'ils prononcent, ils n'ont point d'autorité pour cela; c'est une plainte qu'ils expriment, non pour offenser, à Dieu ne plaise ! mais pour essayer d'être utiles.

Devons-nous perdre l'espoir de voir renaître de pareilles dispositions? Non, messieurs; je ne crois pas me tromper en observant cette salutaire tendance, au milieu de nos plus vives agitations.

Dans cette discussion même, où tant de talens se sont montrés, mais où tant de blessures ont été révélées, n'avez-vous pas remarqué, avec le même plaisir que moi, des orateurs qui n'ont pas toujours voté ensemble, chercher de concert des garanties communes, dans des principes toujours sûrs, plutôt que dans des circonstances variables, et qui ne sont pas toujours favorables au même parti ?

Ceci nous ramène, messieurs, à la question que vous allez décider. Tous sont convenus qu'elle consistait toute entière à choisir entre les principes et les circonstances.

Les principes sont toujours bons.

Les circonstances doivent être améliorées.

Y parviendra-t-on par le silence, ou, ce qui est encore pis, en ne laissant la parole qu'à un seul ?

J'ai toujours pensé précisément le contraire.

Je vote contre le projet de loi.

PARIS. — IMPRIMERIE DE J.-G. DENTU,
rue des Petits-Augustins, n° 5.